AF112584

DANKE.

MEIN GESCHENK DER ANERKENNUNG

Kein Teil dieses Buches darf ohne vorherige Zustimmung des Autors oder Herausgebers gescannt, reproduziert oder in gedruckter oder elektronischer Form verbreitet werden.

WÜRDIGUNG

Seien wir den Menschen dankbar, die uns glücklich machen: Sie sind die charmanten Gärtner, die unsere Seelen zum Blühen bringen.
Marcel Proust

Sehr geehrte ....

Dieses geschenk ist für sie, weil...

....
....
....
....
....
....

Monat ....

Jahr ....

Du bist etwas besonderes für mich, weil…

Einer meiner liebsten momente mit dir war...

LIEBE, FREUNDSCHAFT, LACHEN…EINIGE DER BESTEN DINGE IM LEBEN SIND WIRKLICH KOSTENLOS.

BOB MARLEY

Wenn ich fünf besondere Qualitäten von Ihnen aufzählen würde, dann wären es diese.

1. ....

2. ....

3. ....

4. ....

5. ....

DAS IST ETWAS, DAS SIE GESAGT HABEN UND DAS MIR VIEL BEDEUTET...

Du warst für mich da...

"WIR ERINNERN UNS NICHT AN TAGE; WIR ERINNERN UNS AN MOMENTE"

CESARE PAVESE 1908 – 1950

Sie waren so nett, als…

....

....

....

....

....

Du bringst mich zum lächeln...

....
....
....
....

Eine besondere feier, die ich gern mit Ihnen geteilt habe, war...

Teilen Sie Ihre Geschichte

„ WENN SIE AUF DAS LEBEN ZURÜCKBLICKEN, WERDEN SIE FESTSTELLEN, DASS DIE MOMENTE, DIE HERVORSTECHEN, DIE MOMENTE SIND, IN DENEN SIE ETWAS FÜR ANDERE GETAN HABEN. "

HENRY DRUMMOND (1851 - 1897)

Du machst das besser als jeder andere...

"Manchmal sieht das herz das, was für das auge unsichtbar ist"

H. Jackson Brwon. JR.

Wenn es ein Wort gäbe, um sie zu beschreiben, wäre es...

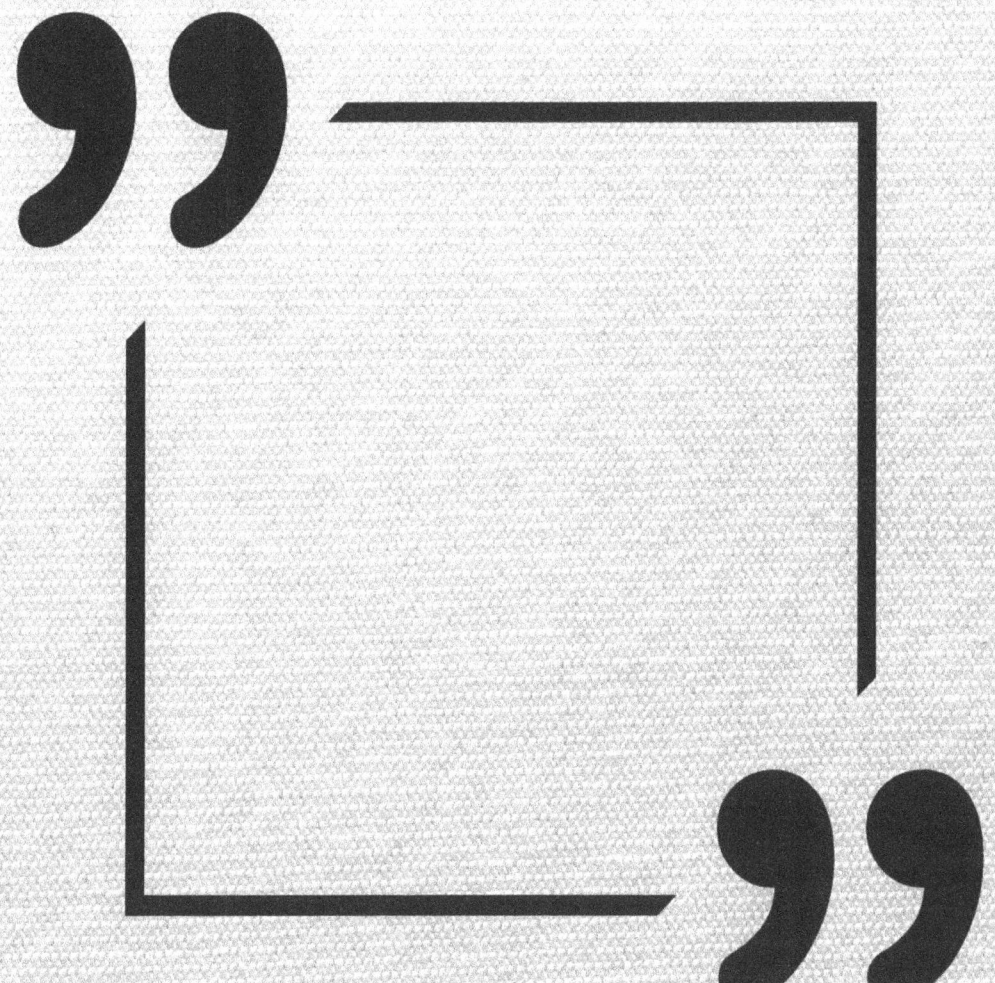

Ich lächle immer, wenn ich an diese geschichte denke...

HIER EIN FOTO HINZUFÜGEN

Ein besonderer gemeinsamer Moment

Ein besonderer Moment

Plus de moments privilégiés ensemble

> Der Sinn des Lebens besteht darin, seine Gabe zu finden. Der Sinn des Lebens ist es, es zu verschenken.
> *Pablo Picasso*

Abschließend möchte ich sagen…

....

....

....

....

....

....

....

....

WEITERE ANMERKUNGEN

BÜCHER IN DER DANKE.

REIHE

Danke, dass Sie der beste Vater sind
Danke, dass Sie die beste Mutter sind
Danke, dass Sie eine große Schwester sind
Danke, dass Sie ein großer Bruder sind
Danke, dass Sie eine Großcousine sind
Danke, dass Sie die beste Großmutter sind
Danke, dass Sie der beste Großvater sind
Danke, dass Sie ein guter Freund sind
Danke, dass Sie der beste Onkel sind
Danke, dass Sie die beste Tante sind
Danke, dass Sie ein großer Lehrer sind
Danke, dass Sie ein großer Arzt sind

IN ALLEN GRÖßEREN BUCHHANDLUNGEN ERHÄLTLICH

www.ingramcontent.com/pod-product-compliance
Lightning Source LLC
LaVergne TN
LVHW070208080526
838202LV00063B/6576